L'ALPHABET POLITIQUE

PAR

L'abbé FREYNET

CURÉ DE BIZONNES

ANCIEN CURÉ DES ADRETS

Prix : 50 centimes

EN VENTE

A PARIS

CHEZ HATON, LIBRAIRE-ÉDITEUR

Rue Bonaparte, 33

A LYON	**A GRENOBLE**
CHEZ VITTE ET PERRUSSEL	CHEZ BARATIER ET DARDELET
LIBRAIRES-ÉDITEURS	LIBRAIRES-ÉDITEURS
Rue Mercière et place Bellecour, 3	Grand'rue, 4

L'ALPHABET

POLITIQUE

PAR

L'abbé FREYNET

CURÉ DE BIZONNES

ANCIEN CURÉ DES ADRETS

Prix : 50 centimes

EN VENTE

A PARIS

CHEZ HATON, LIBRAIRE-ÉDITEUR

Rue Bonaparte, 33

A LYON	A GRENOBLE
CHEZ VITTE ET PERRUSSEL	CHEZ BARATIER ET DARDELET
LIBRAIRES-ÉDITEURS	LIBRAIRES-ÉDITEURS
Rue Mercière et place Bellecour, 3	Grand'rue, 4

GRENOBLE, IMPRIMERIE BARATIER ET DARDELET.

L'ALPHABET POLITIQUE

I.

Raison d'être du Pouvoir civil. — Son Origine divine.

J'ai prouvé dans mon *Instruction laïque* que la puissance civile est nécessaire au genre humain.

Nécessaire : 1º parce que les familles ne peuvent se conserver qu'avec un pouvoir qui protège les unes contre les entreprises homicides des autres, les hommes étant ce qu'ils sont.

Nécessaire : 2º parce qu'il faut de toute nécessité une force ou un pouvoir qui dirige les aptitudes de toutes pour le bien de chacune et *vice versa*.

Nécessaire : 3º parce que toutes les facultés de l'homme prouvent qu'il est fait pour la société, dont l'existence est impossible sans un lien réunissant entre eux ses divers membres.

Nécessaire : 4° parce qu'elle a toujours existé sur la terre, sous une forme ou sous une autre, depuis l'époque où la famille humaine a formé un certain nombre de branches.

Cette notion est la preuve de l'origine divine du pouvoir civil; car, celui qui a fait l'homme social a fait la société; celui qui a fait la société a nécessairement fait ce sans quoi elle ne peut pas exister. Dire que le pouvoir civil est l'ouvrage des hommes c'est dire qu'ils peuvent agir avant d'être, ce qui est absurde. Donc le *Syllabus*, en affirmant l'origine divine du pouvoir, est en parfaite harmonie avec la saine raison.

Les raisons sur lesquelles la puissance civile est fondée démontrent évidemment qu'elle est établie pour le bien et non pour le mal. Cette puissance a des droits et des devoirs. Ses devoirs sont non-seulement de s'abstenir de tout ce qui peut être préjudiciable à la société, mais de la défendre contre ses ennemis; ses droits sont de pouvoir procurer le bien des familles. L'Etat n'est pas leur absorption, mais une sentinelle dont l'œil doit être ouvert pour les protéger et les défendre.

La puissance civile, comme toutes les puissances ici-bas, s'actualise dans celui ou dans ceux qui en sont les dépositaires. Ce sont ces dépositaires, si je puis m'exprimer ainsi, qui, donnant un corps au pouvoir, ont le droit et le devoir de procurer le bien de la société et de s'abstenir de tout ce qui peut lui être nuisible. Ce sont ces dépositaires qui gouvernent la société et non les membres de la société ou le peuple. Celui qui dirige est-il celui qui est dirigé ? celui qui commande, celui qui obéit ? Si le peuple était roi comme certains le prétendent, les pieds seraient la tête et la tête serait les pieds ! Le peuple peut être le canal dont Dieu se sert pour donner le pouvoir à quelqu'un, il est absurde de soutenir que le pouvoir s'exerce par le peuple, à moins que ce ne soit une erreur de croire avec le *Syllabus*, que le serviteur n'est pas la même chose que le maître !

Il y a dans l'homme, membre de la famille, deux natures, la nature corporelle et la nature spirituelle. De là pour lui et conséquemment pour la société deux sortes de perfection, l'une matérielle et l'autre morale. Le but ou la fin du pouvoir civil est en premier lieu le bien matériel. Quant aux vérités de l'ordre moral, sans lesquelles la perfection morale et même matérielle ne sauraient exister, l'Etat n'étant pas infaillible, son domaine est très restreint. Il ne peut guère juger de ces vérités directement. Si les doctrines qu'on prêche à ses sujets produisent des effets qu'il sait être mauvais, il devra les proscrire; ce sera son droit et son devoir.

La vérité morale est nécessaire au bien des peuples. Sans cette vérité le pouvoir civil peut être com-

paré à un aveugle qui conduit des aveugles. Sans
ce phare lumineux les peuples et les rois vont se
noyer ensemble dans la tyrannie ou dans l'anarchie.
Au contraire, avec cette vérité connue à un haut
degré et mise en pratique, le prince est le bonheur
de ses sujets et les sujets sont le bonheur du prince.
Les chemins à suivre et suivis par lui et par eux
sont sûrs. Le pasteur distingue au milieu du troupeau les brebis saines des brebis galeuses. Quand
il frappe, ses coups ne tombent pas sur les innocents
mais sur les coupables. Les membres malades du
corps social étant retranchés à propos, une puis-
sante sève circule dans le tronc et dans les branches ;
la société marche dans la voie du vrai progrès.

II.

Rapport de l'Autorité infaillible et de l'État.

Si donc le pouvoir civil trouve sur sa route une
autorité infaillible dans l'ordre moral, loin de lui
être hostile, il a l'impérieux devoir de la combler de
bienfaits. L'infaillibilité qu'il voit écrite sur le front
de cette auguste compagne, doit lui suffire pour la

rendre belle à ses yeux. Cette ravissante beauté ne peut cacher aucun artifice. Si comme elle il a des yeux, il ne doit pas craindre d'avouer que sa vue est courte. Qui ignore que quand il veut porter ses regards sur certains objets, semblable à un homme égaré dans une profonde nuit, il tombe dans Charybde croyant éviter Scylla?

Dans ces circonstances critiques sa sœur lui disant : suis-moi, je te montrerai les chemins que tu dois suivre, n'est-il pas étrange de se bander les yeux? En tombant dans l'abîme, et en y précipitant ceux qu'il est chargé de sauver, il est évidemment coupable : ils périssent par sa faute.

Né pour empêcher que les familles ne se nuisent, il a le glaive pour frapper les coupables. Pour les frapper il faut les connaître ; pour les connaître il a le plus souvent besoin de l'autorité infaillible, puisque le roi est sujet à l'erreur comme les autres hommes. Fût-il jamais un plus puissant auxiliaire pour dissiper les ténèbres que ce tribunal qui ne se trompe pas? S'il est vrai que les arbres ne peuvent donner de bons fruits sans le soleil qui éclaire le monde physique, n'est-il pas plus vrai encore que le pouvoir civil, sans le soleil qui éclaire le monde moral, ne peut produire que des fruits qui agacent les dents? Ce ne serait donc pas de la raison mais de la folie de supposer que le dépositaire du pouvoir civil a le droit de méconnaître les enseignements de l'autorité infaillible. Car ce serait avouer qu'il n'est pas tenu de conduire la société confiée à ses soins dans la voie des légitimes progrès, et qu'il a le droit de l'empêcher de tendre à la perfection. L'Etat qui voudrait le progrès, tout en méprisant l'autorité infaillible, serait semblable à celui qui prétend s'enrichir en jetant son argent par les fenêtres, ou à celui qui, pour y voir plus clair, se crève les yeux. Quand le *Syllabus* condamne ceux qui soutiennent que l'autorité infaillible est l'ennemie du progrès social, fait-il autre chose que de venger la raison des outrages qu'elle reçoit d'une presse aussi stupide qu'impie?

III.

Divinité et infaillibilité de l'Eglise romaine.

L'existence de cette sœur aînée n'est pas une hypothèse mais une réalité. Il y a dans le monde une autorité infaillible dans l'ordre moral, c'est la sainte Epouse de Jésus-Christ, l'Eglise catholique, apostolique et romaine qui ne demande qu'à vivre en paix avec tous les gouvernements, à la condition pour ces derniers de ne pas entraver l'œuvre que lui a confiée son divin fondateur.

Donc, prouver que l'Eglise romaine est l'autorité

infaillible dans l'ordre moral, c'est prouver que cet ordre est son domaine et qu'elle y décide en dernier ressort ; c'est prouver que le pouvoir civil n'a pas, ne peut pas avoir le droit de nier ce qu'elle affirme ; car l'affirmation de l'autorité infaillible dans l'ordre moral est nécessairement la vérité dans l'ordre moral. Croire le contraire, c'est croire une erreur. Cette puissance a donc nécessairement le droit de proscrire tout ce qui attaque cet ordre directement ou indirectement.

Mais l'Eglise catholique, apostolique, romaine est-elle infaillible dans l'ordre moral? S'il en est ainsi, toutes ces propositions sont nécessairement vraies ; il n'y a que la sottise qui puisse les discuter. Si elle ne l'est pas, toutes ne sont que de la fumée. Or l'infaillibilité de l'Eglise dans l'ordre moral est un dogme pour tous les catholiques qui méritent ce nom. Le nier après avoir reçu le baptême, c'est être héré-tique. Donc pour tous les catholiques qui ne sont pas hérétiques ce que nous venons de dire des pré-rogatives de l'Eglise romaine, s'ils s'entendent eux-mêmes, est indiscutable. Quant aux autres, quels qu'ils soient, qu'ils jettent, avant de se prononcer, sérieusement les yeux sur ces propositions que la vraie science est obligée d'affirmer. Ces propositions sur lesquelles j'appelle leur examen, les voici :

1° L'Eglise catholique, apostolique, romaine seule a une théodicée exempte de toute erreur dans tous les temps et dans tous tous les siècles ;

B

2º Jamais l'Eglise catholique, apostolique, romaine ne s'est contredite ;

3º Jamais l'Eglise catholique, apostolique, romaine n'a rien affirmé de contraire à la vraie science ;

4º Toujours l'Eglise catholique, apostolique, romaine a enseigné qu'elle est infaillible dans l'ordre moral ; jamais la science n'a pu prouver qu'elle est dans l'erreur ou qu'elle a enseigné l'erreur ;

5º Toujours l'Eglise catholique, apostolique, romaine a enseigné qu'elle vivrait dans tous les siècles ; jamais les puissances de la terre et de l'enfer, malgré tous leurs efforts, n'ont pu la détruire, depuis le jour où il lui fut dit, dans la personne des Apôtres : « Allez, enseignez toutes les nations... Voici que je suis avec vous jusqu'à la consommation des siècles. » Ses ennemis, nations et individus, sont tombés meurtris sous les coups qu'ils avaient voulu lui donner ; ils roulent dans la poussière les uns sur les autres ; leur victime est toujours debout, d'autant plus vigoureuse qu'elle est plus violemment attaquée. L'épouse du Christ a triomphé du monde ; elle triomphe du monde sans argent et sans armées ; ses ennemis qui ont l'argent et les armées meurent ; elle vit, elle a vécu et elle affirme qu'elle vivra !

6º Toujours l'Eglise catholique, apostolique, romaine a enseigné que Jésus-Christ, mort sur la croix pour tous les hommes, est Dieu et réellement présent dans la sainte Eucharistie ; toujours elle a fait croire ces mystères par les grands et les petits ; non seulement par celui qui est né dans son sein, ou a été élevé à l'ombre de ses sanctuaires, mais par ceux qui sont nés de païens ou d'hérétiques ; toujours elle a triomphé et elle triomphe des préjugés de naissance et des passions, comme elle a triomphé de l'argent et des armées !

7° Toujours l'Eglise catholique, apostolique, romaine a enseigné que la confession est nécessaire au salut de tous ceux qui, pouvant se confesser, ont commis quelque péché mortel après le baptême. Elle a fait croire et pratiquer ce dogme par les Romains et les barbares qui n'en avaient jamais entendu parler. Toujours elle a triomphé et elle triomphe ; toujours elle dit qu'elle triomphera de la puissance la plus formidable qu'il y ait dans l'homme, celle qui le pousse à ne pas révéler aux autres ses crimes secrets, comme elle a triomphé et triomphe des passions, des préjugés, de l'argent et des armées !

Croire que l'Eglise catholique, apostolique, romaine a pu faire de telles choses sans être divine et infaillible, c'est croire ce qu'il y a de plus incroyable ; ce n'est pas de la raison, c'est de la folie.

Donc l'Eglise catholique est infaillible dans l'ordre moral ; donc elle a le droit de condamner les erreurs qui attaquent cet ordre ; donc le *Syllabus*, en proclamant ce droit, est dans la vérité. Ces deux dernières propositions n'étant que la conséquence rigoureuse du dogme de l'Infaillibilité, il n'y a que la folie qui puisse les nier, puisque seule elle peut rejeter ce dogme.

IV.

Entêtement des ennemis de l'Eglise.

C'est donc aussi de la folie pour les individus et pour les gouvernements de s'obstiner à vouloir renverser l'Eglise. L'histoire du serpent qui ronge la lime devrait les rendre plus sages. L'homme ne peut pas détruire ce que Dieu veut conserver. Au lieu de lui rendre sa mission difficile, les uns et les autres devraient savoir qu'il est d'une excellente politique de la favoriser. L'histoire de l'humanité prouve que plus son action sera grande sur les peuples, plus ils seront soumis envers leurs chefs, et plus ceux-ci seront bons pour leurs sujets. L'expérience prouve que les rouages sociaux se rongent bien vite quand la charité chrétienne ne les unit pas. L'Eglise, fondée par Celui qui a fait le pouvoir civil, n'est pas, ne peut pas être l'ennemie des familles; c'est un soleil qui les réchauffe et les rend fécondes; sous sa douce influence, elles s'épanouissent et portent de beaux fruits.

V.

Les Concordats.

Ces vérités élémentaires de l'ordre politique et religieux ne sont pas comprises par un grand nombre aujourd'hui. De toutes parts, une presse immonde, tolérée, encouragée même par ceux qui auraient le droit et le devoir de la proscrire, bat quotidiennement en brèche les institutions catholiques. Cette presse, dont le droit et le devoir sont de faire aimer ce qui est bon et utile, ne recule devant aucun forfait. Elle enrôle dans les rangs de la Franc-Maçonnerie les hommes et les femmes; elle met tout en œuvre pour corrompre l'instituteur et, par lui, la jeunesse; elle prêche l'expulsion des ministres de l'Évangile.

Ne pouvant par le mensonge et la calomnie détruire l'influence salutaire du prêtre catholique sur les peuples, malgré ses attaques les plus iniques et les plus éhontées, elle poussé les gouvernements à le prendre par la faim. Elle affecte de méconnaître les principes les plus élémentaires de la justice. Une nation a-t-elle signé avec le Pape un Concordat dans lequel il est formellement stipulé qu'un traitement convenable sera payé par l'Etat spoliateur au clergé spolié de la manière la plus inique, cette presse infâme pousse cette même nation à supprimer le budget des cultes sans dire le plus traître mot de l'obligation de rendre d'abord ce qui a été pris.

Il n'est pas nécessaire d'être grand légiste, d'émarger un gros traitement au budget de l'Etat pour affirmer qu'un gouvernemont qui commettrait cette iniquité serait, si on appelle les choses par leur nom, un voleur. Il est manifeste, pour quiconque a des yeux, qu'une rétribution convenable doit être payée au clergé catholique par l'Etat, quand l'Eglise n'a abandonné à l'Etat les biens qu'il avait pris qu'à cette condition. Cette clause ayant été acceptée par les deux parties, il y a entre elles un vrai contrat. Pour que ce contrat soit annulé, le bon plaisir ou la fantaisie d'un des contractants ne suffit pas, il faut le consentement de la partie adverse.

Ces notions sont admises de tous, même de ceux, et en cela ils sont ridicules, qui demandent que le budget du clergé catholique soit biffé d'un trait de plume. Que diraient ceux qui prêchent ces doctrines subversives, s'ils étaient traités de la même manière ? Diraient-ils qu'il n'est pas juste que ceux qui se sont emparés de leurs biens leur paient l'indemnité promise? Se contenteraient-ils d'une simple indemnité peu en rapport avec le bien qui leur est volé ? Ne demanderaient-ils pas de quel droit on les a chassés de leur domicile ? Il n'y a que le méchant et l'égoïste qui ne veut pas être traité comme il demande qu'on

traite les autres. Cet homme n'est que méprisable ,
et il est méprisé quand sa pensée est connue.

Au moins cette iniquité soulagera beaucoup les
contribuables! La nation sera riche, quand on pourra
dire de son gonvernement qu'il est un voleur! Les
enfants n'ont-ils pas le droit d'être fiers quand ils sont
nés de banqueroutiers frauduleux? Je crois (ceux qui
demandent la suppression du budget des cultes ne
sont pas de mon avis) que cette bonne aubaine ne
fera bouillir le pot que dans peu de ménages.

En effet, les contribuables les plus nombreux ne
veulent la suppression du culte catholique dans un
pays où l'immense majorité des habitants adorent
Jésus-Christ et vénèrent dans le Pape son représen-
tant sur la terre. Pour soutenir le clergé catholique,
ils seront obligés de s'imposer des sacrifices et se les
imposeront sûrement. A la fin de l'année ils auront
à rougir du gouvernement qui préside aux destinées
de leur pays et rien de plus ni de moins. L'Etat
n'aura pas pris dans leurs poches pour les frais du
culte... Mais où est le bénéfice, puisque cette dépense
aura été volontairement payée par eux? Pas d'illu-
sion! avant de voir les prêtres catholiques tomber
sur la route faute de secours, il faudra enchaîner
leurs ouailles.

Mais je suppose que tout culte soit supprimé,
qu'arrivera-t-il? Il y aura un peuple sans Dieu,
c'est-à-dire, si ce peuple était possible, au-dessous
des peuplades les plus dégradées. Ces peuplades

ont une religion : un peuple athée est aussi impossible qu'une mer sans eau. L'histoire et la raison se donnent la main pour le prouver.

Cette vérité est reconnue de tous, même des francs-maçons, qui, pour détruire l'Eglise catholique, disent qu'il ne faut point de culte. Prétendrez-vous le contraire? Mais s'ils croient ce qu'ils affirment, pourquoi font-ils des quêtes pour soutenir leurs écoles, leurs loges, leur presse infâme? S'ils croient ce qu'ils affirment, pourquoi ont-ils un baptême, un mariage, des enterrements maçonniques. Leur Dieu n'est pas Jésus-Christ mort sur la croix pour racheter le genre humain, mais Celui qui, sous la forme du serpent, a perdu le monde. La folie scélérate leur donne plus pour leur dieu qu'on ne prend dans la caisse de l'Etat pour le culte catholique.

Le diable a plus d'un tour dans son sac. Pourvu qu'il ait des compagnons de son malheur, peu lui importent les moyens. Avant d'exiger de ses adeptes des autels sur lesquels fume le sang des victimes humaines comme au Dahomey et dans tous les pays soumis à son empire, il est nécessaire d'entreprendre la destruction du culte du vrai Dieu. Il sait très bien que, quand l'homme n'adorera plus son Créateur, il adressera sa prière à la créature. Il faut, cela s'est toujours vu, à toute âme humaine un Dieu; si elle n'adore pas le véritable, elle en adorera un de chair, de pierre et de bois. Elle adore toujours quelque chose, même ce qu'il y a de plus infâme, si vous le voulez; si elle ne paie pas pour orner les autels du Dieu des catholiques, elle paiera pour orner ceux d'un fétiche; si elle ne veut pas adorer le Christ, elle donnera la vie de la femme, des enfants pour plaire à ce fétiche.

Le budget des cultes, sous une forme ou sous une autre, a toujours existé parmi les hommes. On a pu traquer comme des bêtes fauves les ministres de l'Evangile; partout où on a réussi à les exterminer, ils ont été remplacés par les ministres du diable; partout et toujours ceux qui décrochent les crucifix et déboulonnent les statues de la vierge Marie, fléchissent le genou devant les autels d'une prostituée; partout et toujours celui qui ne tremble pas, ou fait semblant de ne pas trembler devant le Créateur, se pâme au bruit d'une souris ou au cri d'un oiseau. En d'autres termes, quiconque ne veut pas du vrai Dieu a le démon pour maître. La vie des peuples est là pour affirmer cet axiome historique.

Supprimer le budget des cultes dans un pays où la presque totalité des habitants est catholique et où la nation, par un contrat passé entre le chef de l'Eglise catholique et le chef de l'Etat, s'est engagée à payer un traitement convenable au clergé catholique, comme indemnité des biens qui ont été ravis à ce dernier, serait donc d'abord un vol sacrilège et le plus grand de tous les malheurs à tous les points de vue, si cette suppression devait entraîner la ruine de la

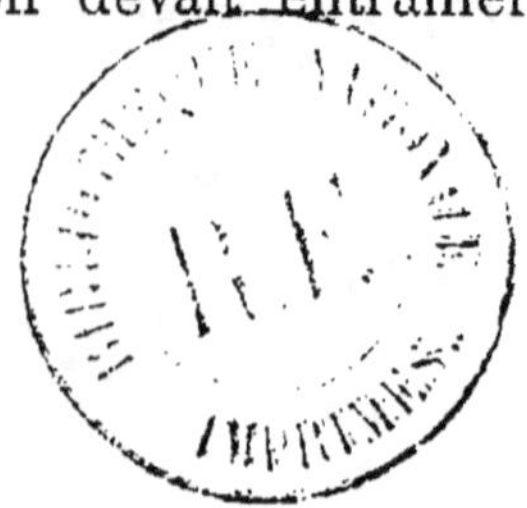

C

religion de ce peuple. Ceux qui poussent à ce scandale ne sont ni économistes, ni politiques, mais les plus dangereux ennemis du bien des peuples et de l'Etat. Puisqu'ils se couvrent de l'habit du berger pour surprendre le troupeau, n'est-il pas du devoir de tous ceux qui aiment leur pays, leur honneur et leur liberté de crier au loup, en les voyant?

L'expérience n'est pas à faire, elle est faite. Les peuples ne sont pas d'aujourd'hui. L'histoire nous dit ce qu'ils ont été partout et toujours. Or, partout et toujours ils ont été d'autant plus corrompus et malheureux que leur religion s'est éloignée davantage de celle qu'enseigne l'Eglise catholique, apostolique, romaine. Les peuples grands, heureux, libres ont crû à l'ombre de l'arbre du catholicisme. Là où cet arbre bienfaisant n'étend pas ses divins rameaux, les individus, les familles et les peuples sont ou tyrans ou esclaves. Ce n'est pas la justice qui commande, mais le caprice. L'homme est le vil esclave de l'homme; l'enfant, la femme sont dégradés; la souffrance, la pauvreté n'ont ni consolateur, ni soutien; l'homme est un tyran cruel ou couvert de chaînes.

L'Etat étant pour le bien des peuples a donc le devoir rigoureux de soutenir les ouvriers de l'Evangile. Il est homicide de lui-même, quand il leur marchande ou leur refuse le pain et le vêtement qui leur sont nécessaires, pouvant les leur donner. Et que dire d'un gouvernement qui les leur refuse, parce qu'il a entre les mains la force matérielle, y étant tenu par un contrat spécial et de la plus stricte justice ? Que dire d'un Etat qui proscrit tout culte parmi ses sujets ? Pour cet Etat la justice et le bien de ses sujets ne sont rien. Or, l'Etat pour lequel la justice et le bien de ses sujets ne sont rien, n'est qu'un fléau et le plus épouvantable de tous les fléaux. S'il pouvait réussir dans sa criminelle entreprise, il ne serait qu'un chancre qui rongerait bien vite la vie des individus et des familles en dévorant sa propre substance.

VI.

L'Etat et les Ordres contemplatifs.

L'Etat, étant pour le bien de la société, n'a pas le droit de chasser de chez eux ceux qui se réunissent dans le but de pratiquer d'une manière plus parfaite la religion catholique. Cette proposition, qui n'est qu'une conséquence nécessaire de ce que nous avons dit, est évidente en elle-même pour quiconque connaît un peu la religion catholique.

En effet, plus les sujets d'un Etat seront parfaits sous ce rapport, plus il sera heureux : l'ennemi de l'Etat et de l'homme, c'est le contraire de ce que prescrivent les commandements de Dieu, puisque tout ce qu'ils condamnent est mauvais et tout ce qu'ils approuvent ou ordonnent est excellent. Donc celui-là sera à imiter, dont la conduite sera en tout conforme à ces divers préceptes. La société civile serait parfaite si tous ses membres faisaient de même. Avec de tels sujets l'Etat n'aurait besoin ni de gendarmes, ni de tribunaux, ni d'armées pour maintenir la paix parmi ses administrés. L'armée ne serait nécessaire que pour défendre la nation contre les attaques injustes qui viendraient du dehors. Si partout on imitait la conduite de ce bon citoyen, les armées elles-mêmes seraient inutiles.

Pourquoi la terre ne jouit-elle pas et n'a-t-elle jamais joui de cette félicité? C'est parce que tous les hommes n'imitent pas et n'ont jamais tous imité ce modèle de vertu. Ce sont les vices que condamnent les commandements de Dieu, qui ont créé et qui créent les maux qui nous dévorent.

C'est donc une absurdité monstrueuse que proclame la presse impie, quand elle demande au nom du bien de l'Etat que cet homme soit expulsé de son domicile. Cet homme étant le plus ferme soutien de la société, l'Etat a le droit et le devoir de le protéger contre ceux qui lui font la guerre. S'il y a des lois qui demandent qu'on l'arrache à son foyer, ces lois sont mauvaises. Non seulement l'Etat n'est pas tenu de les observer, il est tenu au contraire de les abroger, autrement il se renie lui-même. Le bien de la société, cause de son existence, demande qu'il disparaisse; s'il n'en était pas ainsi, le pouvoir serait pour la ruine et non pour l'édification, ce qui est absurde.

Si évidemment l'Etat n'a pas le droit de chasser de son domicile ce bon citoyen, il doit en être ainsi de sa conduite à l'égard de ceux qui, vivant en communauté avec ce bon religieux, ont les mêmes vertus. Quand les membres sont d'excellents citoyens, le corps que composent ces membres est excellent. Chaque membre étant une force pour l'Etat, le corps lui est d'autant plus utile que ses membres sont plus nombreux. Un bon général n'est-il pas fier d'avoir sous la main quelques braves? Ne l'est-il pas davantage encore si les braves forment une nombreuse armée! Un général qui chasserait de tels soldats, aux yeux de tout ce qui a le sens commun, serait stupide : ainsi se conduirait un gouvernement, quel qu'il soit, s'il chassait de leurs demeures pour les disperser ceux qui se sont réunis en corps pour remplir avec plus de perfection leurs devoirs envers Dieu, les puissances de la terre et leurs concitoyens. Et que devrait-on dire de lui, s'il les chassait pour garder des bandits prêts à tous les crimes?

VII.

L'Etat et les Corps enseignants.

L'Etat n'a pas le droit de disperser les catholiques qui se réunissent en corps pour se rendre plus aptes à l'œuvre de l'éducation et de l'instruction de la jeunesse.

Pour contester ce que j'affirme, vous avez deux routes à suivre. Ou bien, établissez que l'éducation et l'instruction sont mauvaises ou au moins indifférentes; ou bien, qu'un catholique qui appartient à un corps enseignant est un méchant instituteur. Prouverez-vous que l'éducation et l'instruction sont mauvaises ou au moins indifférentes? Non, de l'aveu de tous, elles sont les deux fleurons de la couronne du bon citoyen, qui est d'autant plus parfait qu'ils sont plus brillants.

Etablirez-vous que les catholiques qui se réunissent en corps pour se rendre plus aptes à l'œuvre de l'éducation et de l'instruction sont de mauvais instituteurs? Non, vous ne le ferez pas. Un corps qui fait converger toutes les aptitudes de ses membres à l'œuvre de l'éducation et de l'instruction est non seulement le meilleur maître, mais donne les meilleurs maîtres : tous admettent que l'union fait la force et que la discipline fait le soldat.

Je vais plus loin : j'affirme que quiconque veut atteindre la perfection en rapport avec ses aptitudes dans l'œuvre de l'éducation et de l'instruction doit être membre d'un corps enseignant.

En effet, le moyen le plus efficace pour devenir un excellent maître, c'est de le vouloir et de le vouloir énergiquement. Une telle volonté produit des effets merveilleux. Mais vouloir énergiquement atteindre une fin, c'est prendre énergiquement les moyens qui conduisent à cette fin. Et quels moyens faut-il prendre pour vouloir énergiquement être un excellent maître? Il faut tourner énergiquement toutes ses aptitudes de ce côté et vivre dans le milieu le plus favorable au développement de ses aptitudes. Et qu'est-ce que vivre dans le milieu le plus favorable au développement de ses aptitudes? C'est vivre avec des hommes qui tendent au même but, c'est n'avoir pas à s'occuper de choses étrangères à la fin qu'on veut atteindre.

Dans ce milieu, les efforts des uns grandissent les efforts des autres; les lumières des uns dissipent les ténèbres des autres. Les hommes qui ont ce vouloir et qui vivent dans un tel milieu peuvent beaucoup plus pour l'éducation et l'instruction de la jeunesse que dans des circonstances différentes. Il faudrait vouloir s'aveugler pour ne pas le reconnaître. Evidemment, dans ce milieu et avec ce vouloir, ces hommes feront une meilleure besogne que ceux qui, avec des aptitudes supérieures, n'ont ni un tel milieu, ni un tel vouloir. Et que ne fera-t-on. pas dans ce milieu et avec ce vouloir, si l'intelligence est vaste? Tout entière à son objet, grandie par les flambeaux qui l'entourent, pourrait-elle ailleurs jeter un aussi vif éclat?

Ce vouloir et ce milieu, sol ou l'arbre du génie et de la science plonge le plus profondément ses racines, ne sont possibles que dans un corps enseignant. Ailleurs, les aptitudes de l'homme sont nécessairement éparpillées. Ce vouloir être énergiquement aussi bon maître qu'on peut l'être n'existe pas, ne peut pas exister, autrement il y aurait contradiction dans les termes.

Mais ce corps peut-il être une réalité, c'est-à-dire peut-on trouver des hommes pour le former et qui y persévéreront? Où frapper pour en réunir les éléments? A la porte de l'athée? Non, tout homme travaille pour son intérêt; avec la croyance qu'après cette vie il n'y a ni récompense, ni châtiment, ce serait une absurdité de supposer que l'intérêt présent sera sacrifié pour donner à la jeunesse la meilleure éducation et la meilleure instruction. C'est une vérité indéniable que l'irréligion et les sacrifices qu'il faut nécessairement s'imposer pour être un excellent instituteur, sont deux choses tout à fait incompatibles. L'athée ne peut donner ses soins à la jeunesse qu'en raison des avantages matériels que lui procureront ces soins. Il ne peut être qu'un mercenaire et rien de plus.

Non seulement il ne peut pas être membre d'un corps enseignant, il est impossible qu'il soit un maître médiocre, parce que cette médiocrité elle-même suppose un certain dévouement dont il est absolument incapable. Se dévouer, c'est se donner à un autre, se sacrifier pour un autre sans recevoir son salaire de cet autre en rapport avec la peine qu'on s'impose. L'athée est essentiellement égoïste, il ne peut travailler que pour lui et que pour ce monde.

Mais si ce corps est impossible pour l'athée, il n'en est pas ainsi du catholique. Le catholique croit que Dieu seul, dans l'autre vie, peut payer le prix de la vertu ; le catholique sait que, dans cette autre vie, la récompense sera d'autant plus grande qu'on aura renoncé davantage aux biens de la terre pour se donner tout entier à l'œuvre sublime de l'éducation et de l'instruction des peuples.

Ce corps suppose non seulement l'attente de la récompense dans une autre vie, mais un lien qui unit ses membres. Ce lien est la soumission de tous les membres du corps à une loi commune réglant les actes individuels et les conduisant au même but. Si cette loi est nécessaire à l'existence du corps, le supérieur dans lequel s'actualise cette loi est, pour la même raison, nécessaire à l'existence de ce corps. Et comment est-il possible de régler de tels actes et de les conduire au même but sans la croyance de ceux qui les posent à une autorité morale infaillible? Comment, sans ce magistère infaillible, toutes les volontés et toutes les intelligences pourraient-elles s'identifier dans l'intelligence et la volonté du supérieur de l'ordre ou du corps?

Cette identification est absolument nécessaire, autrement ce qui sera vérité pour les uns, sera erreur le plus souvent pour les autres. Or, où il y a division pour les intelligences, il y a division pour les volontés; et là où il y a division pour les intelligences et pour les volontés, il n'y a pas de corps ou d'ordre, puisque le corps ou l'ordre suppose nécessairement l'union des parties qui le composent. Il ne peut donc y avoir de corps voué à l'éducation et l'instruction sans un chef infaillible, ou qui obéit à un chef infaillible.

De ces principes élémentaires, je dois conclure : 1º que rien n'est plus propre à former de bons maîtres qu'un corps enseignant; 2º que ce corps n'est possible que dans le catholicisme. Ces deux conclusions m'obligent nécessairement à dire, si je veux être conséquent avec moi-même, que l'Etat, qui doit vouloir l'éducation et l'instruction de ses sujets, n'a pas le droit de le dissoudre, et que son existence étant un des plus grands bienfaits reçus des mains de l'Eglise, c'est pour lui une raison de haute politique de la favoriser.

VIII.

L'Etat et les Sociétés de bienfaisance.

L'Etat n'a pas le droit de dissoudre les sociétés qui se sont formées parmi ses sujets pour soulager ceux qui souffrent. Cette proposition est évidente et n'a pas besoin de preuve. Affirmer le contraire, c'est affirmer qu'il n'est pas pour le bien, mais pour la ruine, paradoxe que la saine raison n'admettra jamais.

Non seulement l'Etat n'a pas ce droit, mais il est certain qu'il a le devoir de favoriser leurs développements et de les défendre contre ceux qui les combattent. Né pour le bonheur des peuples, il est nécessairement armé pour atteindre sa fin. Il peut et doit donc punir ceux qui, par leurs actes, quels que soient ces actes, lui rendent sa mission impossible. Non seulement il ne doit pas encourager la presse qui répand tous les jours le mensonge et la calomnie pour miner dans l'esprit des peuples ses plus puissants auxiliaires ; mais il a le devoir rigoureux de la punir. Ce que j'avance là n'est pas de la haute philosophie, c'est du sens commun qui court les rues.

IX.

L'Etat et la mauvaise Presse.

Cette presse, pour se défendre, ne peut pas prétexter qu'elle est libre de tout dire ; que le gouvernement civil ne peut atteindre que ceux qui se livrent à des voies de fait ; par exemple, qu'il peut punir l'homicide, mais non celui qui le prêche ; ce serait là une erreur grossière. L'acte accompli étant mauvais, cet acte à accomplir serait-il bon ? Puisqu'on me frappe avec justice quand j'attente à la vie de mon semblable, je ne puis pas avoir le droit de prêcher que l'assassinat est permis. Les effets tirent leur malice ou leur bonté de leurs causes : une bonne source donne de la bonne eau ; une mauvaise source en donne de la mauvaise. Si le pouvoir m'approuve quand je dis que j'ai le droit de tuer mon frère, il est impossible qu'il me punisse après l'exécution de mon dessein. S'il le fait, il n'est que ridicule. S'il devait respecter la liberté de tout dire, il ne devrait ni se défendre, ni protéger ses sujets ; morale qu'un homme sensé ne peut admettre, à quelque parti qu'il appartienne.

De plus, comment connaît-on la malice ou la bonté d'un acte ? C'est par l'enseignement que nous recevons des autres pour un grand nombre de cas. Bien que notre raison n'accepte ce qui lui vient du dehors que lorsqu'elle n'en est pas choquée, si nous nous conduisons comme nous devons le faire, il est certain que la somme de nos connaissances serait très petite si nous étions privés de l'enseignement extérieur. Or, qu'arriverait-il si l'Etat n'avait pas le droit de proscrire la presse qui prêche le mensonge et la calomnie ; qui appelle bon ce qui est mauvais, vrai ce qui est erreur ? Il s'ensuivrait nécessairement qu'il ne serait pas tenu de donner ou de faire donner une bonne éducation et une bonne instruction à ses sujets ; théorie absolument inadmissible, comme nous l'avons dit précédemment. Il s'ensuivrait, puisque l'intelligence et le cœur de l'homme sont corrompus par les mauvaises doctrines, que l'Etat devrait voir d'un œil indifférent la dissolution de la société, sans être tenu d'y apporter remède. Dans cette hypothèse, le pouvoir est non seulement impuissant à atteindre sa fin, il n'existe pas.

Donc il est certain que le principe de la liberté absolue de la presse est faux, et que la mauvaise presse ne doit pas échapper à la vengeance de celui qui porte le glaive quand elle prêche des doctrines tendant à la ruine de la société. Mais comment l'Etat accomplira-t-il ce terrible devoir, s'il peut sans crime fermer les yeux aux enseignements de l'Eglise ? Combien de théories dont il sera incapable de juger, puisque dans l'ordre moral ses connaissances sont si bornées? Comment écrasera-t-il la tête de la vipère s'il ne voit la pas? Cependant, s'il ne tue pas la vipère elle mordra; sa morsure tuera ou au moins rendra très malade. Puisqu'il doit sauver la société et la rendre heureuse, il faut nécessairement tuer la bête. Il ne suffit pas de lui marcher simplement sur la queue, ce serait la rendre plus terrible, il faut lui écraser la tête. Pour lui écraser la tête, il ne suffit pas d'avoir le droit et le devoir de le faire et de voir un peu la queue, il faut voir la tête. Et comment l'Etat la verra-t-il cette tête s'il éteint le flambeau qui la lui montre?

X.

La Libre-Pensée et la Raison.

J'ai établi à ne pouvoir en douter, que l'autorité infaillible a le droit de condamner tout ce qui attaque l'ordre moral directement ou indirectement; je viens de prouver que la puissance civile a le droit et le devoir d'infliger des châtiments à ceux qui lui empêchent de conduire ses sujets au bonheur qu'il peut leur donner. Qu'est-ce donc que la libre-pensée dont certains sont si fiers? Ce n'est certainement pas la liberté de dire tout ce que je veux, puisqu'on me punit avec justice quand mes paroles blessent certains principes. Encore moins est-elle la liberté de faire tout ce que je veux, puisqu'on me met en prison, aux applaudissements de mes concitoyens, quand je fais certaines choses? Est-ce la liberté de penser en moi-même tout ce que je veux sans la manifester au dehors par l'écriture, la parole et le geste?

Ici, il est vrai, je suis à l'abri. Dieu et moi seuls pénétrons dans ce sanctuaire. Le pouvoir civil et l'autorité infaillible ne connaissant pas ce qui se passe en moi ne peuvent en juger. Ne pouvant en juger, je n'ai à redouter ni leur blâme, ni à espérer leurs récompenses. Dans ce sanctuaire je suis chez moi, et là seulement je puis dire dans un certain sens : je pense ce que je veux sans rien redouter de la part des hommes.

Mais si c'est là la libre-pensée et si elle ne peut exister que là, il n'y a rien qui distingue les libres-penseurs des autres hommes, car tous ont cette liberté.

Pour exercer cette liberté au dehors, c'est-à-dire pour pouvoir manifester au dehors tout ce que l'on pense, par la parole, l'écriture et le geste, sans craindre les châtiments des hommes, il faut donc nécessairement être seul. Si je vis avec mes semblables, ils me prouveront dans maintes occasions que je ne suis pas libre de tout leur dire et de tout leur faire.

Si donc je veux être libre-penseur dans le sens que je viens d'indiquer, puisque je ne puis pas l'être autrement, il faut me retirer dans une caverne de rocher, et là me nourrir de ce qui voudra bien se laisser manger sans me faire mon procès. Ce séjour et ce genre de vie ne seront peut-être pas très gais, mais qu'importe, puisque je ne puis être ailleurs ce que je veux être? Qui veut la fin doit vouloir les moyens qui conduisent à cette fin.

Je l'ai prouvé, quiconque veut habiter avec ses concitoyens ne peut ni leur dire ni leur faire tout ce qu'il pense. On met au panier ses prétendus titres à la libre-pensée et lui-même au cachot toutes les fois qu'il manque à cette règle. La libre-pensée et la vie de société sont tout à fait incompatibles ; elles n'ont jamais habité et n'habiteront jamais ensemble. Car, si chacun a la liberté de tout dire et de tout faire, les hommes se conduiront entre eux comme les loups au milieu des agneaux. Vouloir être à la fois libre-penseur et en société, c'est ressembler à ces fous qui croient être libres quand ils plient le dos sous le poids de leurs chaînes.

Il me vient un doute : est-il bien sûr que, dans ma caverne de rocher, je puis penser tout ce que je veux? Si je pense par hasard que je ne vois pas plus clair à midi qu'à minuit, ma raison me dit tout de suite que ma pensée est fausse; et je ne suis pas libre de croire le contraire. Si je veux penser que deux et deux ne font pas quatre, même solution. Si je pense qu'il n'y a que moi au monde et que rien n'est au-dessus de moi, les montagnes qui m'entourent me répondent aussitôt qu'elles ne sont pas moi, qu'elles sont plus grandes que moi et plus vieilles que moi, qu'il y a quelqu'un au-dessus de moi qui les a faites, puisque je ne puis ni les faire exister, ni leur commander de rentrer dans le néant; et je ne suis pas libre de contredire cette décision.

Où est donc dans cette caverne la libre-pensée, si même là où les puissances de la terre ne pénètrent pas, je ne puis pas penser tout ce que je veux? Où donc fuirais-je pour être libre-penseur? La libre-pensée n'est pas au milieu des hommes, elle n'est pas dans les rochers, elle n'est pas au dedans de moi-même.

Le Maître qui est en moi, malgré moi, m'oblige de reconnaître qu'elle ne peut être que dans celui qui n'a besoin de personne. Quiconque a besoin de quelqu'un, dépend de ce quelqu'un. La libre-pensée n'est donc qu'en Dieu et non dans l'homme, qui n'est maître ni chez lui, ni chez les autres.

Dire donc qu'on est libre-penseur, voulant par là, comme on le fait, donner à entendre qu'on a le droit de dire et de faire tout ce qu'on veut, c'est dire, fût-on ministre de l'instruction publique, qu'on n'est qu'un sot ou qu'un fou. Si les théories de ce sot ou

de ce fou deviennent contagieuses, le bras séculier a
le droit et le devoir, après l'avoir dégradé, de le
punir, s'il n'est qu'un cuistre menteur, et de l'enfer-
mer dans une maison d'aliénés, si par hasard on a
la preuve qu'il croit sérieusement ce qu'il dit !

XI.

L'Etat et la bonne Presse.

Ce n'est pas assez pour le pouvoir civil d'imposer
silence à la presse qui attaque les principes sans
lesquels il ne saurait atteindre sa fin, il a le droit et
le devoir de favoriser la diffusion des bonnes doctrines. Les bonnes doctrines sont le sel de la terre ;
sans ce sel le monde se corrompt ; un peuple cor-
rompu est comme un cadavre s'en allant en lambeaux.
L'Etat étant pour le bien de la société doit donc
éloigner d'elle les germes de dissolution. Or, un des
moyens les plus puissants et de première nécessité,
c'est non seulement d'éloigner ces germes, mais de
panser les plaies qu'ils ont faites. L'indifférence du
pouvoir vis-à-vis de la presse bonne ou mauvaise est
un crime. La mauvaise étouffe l'intelligence et le

cœur ; la bonne les nourrit et les élève ; la mauvaise produit au moral les mêmes effets que la peste au physique : il suffit souvent d'un mauvais journal, comme d'un pestiféré, pour empoisonner tout un pays. S'il est difficile de purger l'air des miasmes qui donnent la mort aux corps, il est plus difficile encore de détruire ceux qui donnent la mort à l'âme. Les pestiférés sont infiniment moins dangereux que les semeurs de mauvaises doctrines.

Ce ne sont pas là des paradoxes, mais de tristes réalités. Quiconque sait ce que c'est que le sens commun est obligé de reconnaître que la nature humaine, étant naturellement portée au mal, incline fortement chacun d'entre nous aux mauvaises lectures. Tout le monde sait que les mauvaises lectures allument dans l'homme de vastes incendies, et que ces incendies ne laissent après eux que des ruines. L'Etat donc a l'impérieux devoir, non seulement de les éteindre en éloignant ce qui les alimente, mais de favoriser autant qu'il peut le faire ce qui les empêche d'éclater.

Celui qui prétend que l'Etat doit laisser toute liberté à la bonne et à la mauvaise presse, ignore donc les ravages qu'a fait en nous le péché originel? Admettre de telles théories, c'est ne connaître ni soi-même, ni son semblable ; ou plutôt, c'est affecter de méconnaître l'un et l'autre. Chacun ne se sent-il pas violemment poussé vers ce qui le dégrade, et ne voit-il pas sans peine, par ce qui se passe autour de lui, que le même fléau infecte toute la terre? Nous approuvons ce qui est bon, et, malgré cela, nous sommes obligés de dire, avec le poète, que nous faisons trop souvent ce que nous condamnons. N'est-ce pas à cause de cette pente naturelle vers le mal que tous éprouvent, que nous sommes obligés de réagir contre les entraînements de notre nature pour faire le bien? La preuve de l'existence de cette inclination de notre nature vers le mal, n'est-elle pas confirmée par l'expérience de tous les jours, de tous les individus et de tous les peuples?

Où sera donc l'équilibre entre la bonne et la mauvaise presse, si on se contente de les laisser combattre l'une contre l'autre sans prendre aucun parti? Si la bonne n'est pas soutenue d'une manière toute spéciale et si la mauvaise n'est pas enchaînée, on verra ce qu'on a toujours vu, que la mauvaise herbe étouffera le bon grain. Quand on raisonne sur la nature humaine, il faut la voir dans sa réalité et non à travers des hypothèses chimériques. Une pomme pourrie suffit pour gâter tout un fruitier et tout un fruitier ne suffit pas à rendre saine une pomme pourrie.

Ne suffit-il pas aux partisans de la liberté absolue de la presse d'admettre que l'erreur a des droits, ce qui est absolument faux au point de vue rationnel; faut-il à leur sottise ajouter que l'enfant peut combattre avec succès contre un vigoureux athlète?

CONCLUSION

Je voudrais pousser plus loin cet *Alphabet ;* mais,
de crainte que son aridité ne fatigue ceux qui, jusqu'ici, croyant lire la politique, ne sont pas en état
de l'épeler, je m'arrête. Il n'est pas bon de trop sur-
charger leur mémoire de principes élémentaires.
A certains malades il faut administrer les remèdes à
petites doses, si on ne veut pas les tuer.

Savoir ce que c'est que l'Eglise et l'Etat; se faire
une idée juste des ordres religieux, de la presse, de
la libre-pensée dont tout le monde parle et que peu
de gens connaissent, c'est déjà quelque chose ; ce
quelque chose est plus que suffisant pour orienter
les pères de famille catholiques en face d'une loi qui
les obligerait d'envoyer leurs enfants à des écoles
athées. S'ils ont compris cet *Alphabet*, ils sauront
qu'ils ne pourraient en conscience obéir. Personne
au monde n'a le droit de corrompre la jeunesse ; et
on la corromprait sûrement cette jeunesse, que les
païens voulaient qu'on traitât avec *un souverain
respect*, si on la forçait de fréquenter une école où il
serait défendu de parler de Dieu et des devoirs que
toute créature doit à son créateur. Mais peut-il y avoir

des législateurs assez dégradés et assez dépourvus de sens commun pour voter une loi contre laquelle protesteraient même les Cannibales? Je ne le pense pas. On aurait jamais vu sous le ciel une telle monstruosité !

Quoiqu'on puisse dire, tel qu'il est, cet *Alphabet* n'est pas inutile : mes *Sottises* et celles que j'aurais pu faire depuis, en sont la meilleure preuve.

TABLE DES MATIÈRES.

1000 — Grenoble, imprimerie Baratier et Dardelet. — 5753